D1701863

Ein Porträt der Schwäbischen Alb

– Sehenswertes – Natur – Albtypisches –

Gestaltung, Texte und Fotos: Armin Dieter

CIP-Titelaufnahme der Deutschen Bibliothek

Dieter, Armin: „Ein Porträt der Schwäbischen Alb"
- Sehenswertes - Natur - Albtypisches -
120 Farbaufnahmen, 132 Seiten
© Gestaltung, Text und Fotos: Armin Dieter
Bästenhardtstraße 24, 72116 Mössingen
www.alberlebnis.de

ISBN 978-3-941500-09-9

Verlag: mauser & tröster
72116 Mössingen
www.mtdruck.de

Inhaltsverzeichnis

Faszination Schwäbische Alb	4
Raue Alb	7
Erlebte Natur	13
Unterirdische Welt	28
Naturgewalten	36
Steinbrüche	47
Wasser	52
Gegensätze	61
Orchideen	66
Wanderziele	72
Schlösser	80
Burgruinen	96
Donautal	103
Frühe Besiedlungen	109
Heutige Ansiedlungen	112
Prädikate	122
Plädoyer	124
Über den Autor	128

Faszination Schwäbische Alb

Die Schwäbische Alb ist außerhalb Baden-Württembergs noch weitgehendst unbekannt, obwohl immer mehr Wanderer und Ausflügler in den letzten Jahren diesen Gebirgszug erkunden. Dabei ist die Alb auf Grund ihrer Landschaftsform etwas Einmaliges in Deutschland. Ihre Gegensätze von ebener Hochfläche und Steilabfällen, Romantik und Naturgewalten ziehen nicht nur ihre Bewohner, sondern auch ihre Besucher in den Bann. Markant ist der faszinierende Albtrauf, der teilweise wie eine Mauer die Albhochfläche vom nördlichen Albvorland trennt.

Dieser beeindruckende Steilanstieg zur Hochfläche am Nordwestrand bildet der bis zu 400 Meter hohe Albtrauf, der von der Ferne wie eine „blaue Mauer" (Eduard Mörike) wirkt. Am Südrand dagegen fällt die Schwäbische Alb zum Großteil sanft ins Alpenvorland ab.

Dieser Teil des langgezogenen Mittelgebirges, das sich durch drei europäische Länder erstreckt, zieht sich vom Randen bei Schaffhausen im Süden über eine Länge von rund 220 Kilometern und über eine Breite bis zu 45 Kilometern nach Nordosten zum Durchbruchstal der Wörnitz und wird als Schwäbische Alb bezeichnet. Dabei liegt der größte Teil in Baden-Württemberg, der südlichste Bereich in der Schweiz und der östliche Ausläufer in Bayern. Das gesamte Juragebirge wird begrenzt durch den „Französischen Jura", den „Schweizer Jura", gefolgt von der Schwäbischen Alb und zum Schluss der "Fränkischen Alb".

Die Schwäbische Alb steckt voller faszinierenden Naturbegebenheiten und Sehenswürdigkeiten. Das folgende Porträt ist ein Querschnitt über eines der beliebtesten Ausflugsziele unseres Landes.

*Blick vom Roßberg nach Südwesten
über den Albtrauf bei Mössingen.*

Abendstimmung

Raue Alb

Die Schwäbische Alb ist der Rest eines ehemaligen Meeresbodens aus der Jurazeit und heute ein Tafelgebirge. Ihre Schichten neigen sich von Nordwest nach Südost und lassen den Übergang zu Oberschwaben kaum erkennen. Der von weitem optisch beeindruckendste Teil ist dabei der bereits angesprochene Steilanstieg zur Hochfläche im Nordwesten des Gebirges.

Die Alb ist aus harten Kalkschichten aufgebaut, die sich mit weiteren Schichten abwechseln und sich ständig der fast unmerklichen Erosion und Abtragung ausgesetzt sehen.

Aber auch spektakuläre Katastrophen wie Erdbeben, Bergrutsche und Bergstürze veränderten und verändern auch heute noch ständig den Verlauf der Traufkante.

Aber nicht nur deshalb, sondern auch die teilweise harten Winter auf der Alb geben diesem Mittelgebirge nicht umsonst den Beinamen „Raue Alb". Trotz der Faszination des Winters zeigt sich in diesen Monaten die Alb von ihrer härtesten Seite. Winterstürme fegen über die weiten ebenen Flächen. Klirrende Kälte und schneebedeckte Felder bringen viele Tiere in größte Not. Ist der Boden gefroren oder liegt der Schnee zu hoch, kommen viele Tiere nicht mehr an ihre Nahrungsquellen heran. Wochenlanger Frost fordert dann seine Opfer. Geschwächt und ausgehungert erleben deshalb einige Tiere nicht mehr den nächsten Frühling. Dennoch ist der Winter auf der Schwäbischen Alb ein Erlebnis. So beginnt unser Porträt der Schwäbischen Alb, wenn der Winter sich langsam verabschiedet, der letzte Schnee und Raureif des Jahres noch herrliche Winterimpressionen hervorzaubern.

Winterzauber

Raureif an den Bäumen

Ein Naturschauspiel besonderer Art zeigt sich fast jedes Frühjahr südöstlich des Kornbühls bei Salmendingen in Sichtweite der Salmendinger Kapelle. Nach der Schneeschmelze, wenn der Boden kein Wasser mehr aufnehmen kann oder noch durchgefroren ist, bildet sich hier zeitweise ein bis zu einem Hektar großer See - der „Märzenbrunnensee" - und dies trotz der Verkarstung der Schwäbischen Alb. Für wenige Tage, manches Jahr auch für ein paar Wochen, bleibt diese Wasserfläche stehen und begeistert dann viele Wanderer aus nah und fern.

Die Küchenschellen kündigen den nahen Frühling an. ▶

Sicht auf den Albtrauf bei Mössingen mit Farrenberg (links) und Hirschkopf (rechts).

Erlebte Natur

Die Schwäbische Alb ist für viele Erholungsuchende aus den Ballungsgebieten ein Anziehungspunkt mit zahlreichen Sehenswürdigkeiten. Dabei stehen Burgen, Schlösser, gute Wandermöglichkeiten und speziell geschaffene Freizeitangebote im Vordergrund. Allzu leicht werden dadurch die ökologisch besonders wertvollen Gegenden der Alb mit ihren teilweise seltenen Tieren und Pflanzen immer mehr in den Hintergrund gedrängt. Aber gerade die Schwäbische Alb besteht nicht nur aus herrlichen Landschaften, sondern auch aus der dazugehörigen typischen Flora und Fauna, die es zu erfahren und zu erhalten gilt.

Dabei sind die Streuobstwiesen mit ihren blühenden Obstbäumen entlang des Albtraufs und an den Albaufstiegen charakteristisch für das Landschaftsbild. Ende April, Anfang Mai ziehen dann vielerorts Tausende von weißen Blüten das Auge in den Bann und kündigen unmissverständlich vollends den Frühling an.

Häufig befinden sich entlang des Albtraufs zahlreiche Landschaftsschutzgebiete, die das Ausbreiten der Bebauung an den Randbereichen verhindern. So wird dadurch auch heute noch vielerorts der einst bäuerliche Charakter der kleinen Ortschaften bewahrt.

Die Alb und ihr Vorland sind nämlich innerhalb der Zivilisation keine unberührte Insel, auch hier geht der Mensch, wie in den Verdichtungsräumen, egoistisch und zerstörerisch vor, obwohl sich die Fluren und Wälder noch bunt und grün zeigen.

Und gerade die Schwäbische Alb mit ihren Kleinparadiesen zeigt, was bei uns in freier Natur noch vorkommt und macht so die Natur mit ihren Schätzen zu einem Erlebnis.

Im Frühjahr ziehen entlang des Albtraufs Tausende von Kirschblüten das Auge in den Bann.

Die Schafherden gehören ebenso, wie die Obstbäume, zum Landschaftsbild der Schwäbischen Alb dazu.

Entlang des Albtraufs sind zahlreiche Landschaftsschutzgebiete ausgewiesen, so wie hier bei Mössingen-Talheim.

*Eingebettet in solche Landschaftsschutzgebiete
ist auch Mössingen-Öschingen und wegen seiner bezaubernden
Lage bei vielen Wanderern bekannt und beliebt.*

Gespenstisch zeigt sich der Wald im morgendlichen Nebel.

Dem Wild auf der Spur

Dieser Gebirgszug beherbergt eine Vielzahl verschiedener Tierarten und besitzt noch zahlreiche Kleinparadiese mit ihrer typischen Fauna und Flora. Und diese sind für jeden aufmerksamen Naturfreund zu erleben. Gerade die Waldgebiete und der Albtrauf sind reich an heimischen Wild.

Um Rehe beobachten zu können, sollte man sich bereits vor Sonnenaufgang am Waldesrand aufhalten und der Natur lauschen.

In der Ferne des Waldes erschallt der Ruf des Waldkauzes und der Dachs trottet zu seinem Bau, um den Tag zu verschlafen. Mit etwas Glück zeigt sich dann im morgendlichen Dunst der erste Rehbock. Die Umgebung genau sichernd, tritt er zur Nahrungsaufnahme vorsichtig aus dem Wald auf die Wiese. Immer zur Flucht bereit, wechseln Sichern des Umfeldes und Äsen miteinander ab.

Im Monat Mai trifft man die Rehe aber nicht nur früh morgens oder spät abends, sondern vermehrt auch tagsüber außerhalb ihren Einständen an, denn im Monat werden die meisten Kitze gesetzt. Dabei drückt sich das Kitz in den ersten Tagen dicht an den Boden. Durch sein getüpfeltes „Tarnkleid" hebt sich das Jungtier kaum von seiner Umgebung ab.

Zudem hat es noch keine funktionierenden Duftdrüsen an den Läufen und ist somit auch noch vollkommen geruchlos. Seine natürlichen Feinde, hauptsächlich Fuchs und Marder, entdecken es daher nur, wenn sich ihre Wege zufällig mit dem Lagerplatz des Jungtieres kreuzen. Selbst dann bei direkter Gefahr bleibt das Kitz tief an den Boden gedrückt liegen und kommt so mit dem Leben davon.

Junger Waldkauz

Sichernder Rehbock

Starker Rehbock im morgendlichen Dunst. ▶

In den ersten Lebenstagen drückt sich das Rehkitz dicht an den Boden.

*Erst in der Abenddämmerung
verlässt der Dachs seinen Bau.*

Listiger Gefährte

Einer der listigsten Bewohner unserer Wälder und Felder ist der Rotfuchs, dies hat ihm auch den Namen „schlauer Fuchs" eingebracht. So ist er das bekannteste wildlebende Raubtier Mitteleuropas geworden.

Ein unvergessliches Erlebnis ist es zu beobachten, wie die Fuchswelpen im Mai tagsüber vor ihrem Bau spielen, oder sich den Tag mit Balgen und Dösen vertreiben. Die Jungfüchse sind dabei gegenüber allem sehr neugierig und legen schnell ihre Scheu ab. In der Zeit, in der die Alttiere auf Beutefang sind, erkunden die Welpen unbeaufsichtigt die Gegend und machen erste Erfahrungen mit ihrer Umwelt.

Neugierig verlässt der Fuchs seinen Bau. Es ist aber kein Fuchsbau im Wald, sondern auf freiem Feld unter einer Geschirrhütte.

In diesem Lebensalter denkt man noch nicht an die Tollwut oder an den Fuchsbandwurm. ▶

Farbenvielfalt

Es gibt nicht viel Schöneres, als im Frühjahr oder Sommer durch farbenprächtige Wiesen zu schlendern und der Stimmenvielfalt, die aus ihnen schallt, zu lauschen.

Der Farbenreichtum heimischer Wiesen ist erstaunlich und erfreut jeden, wenn alles in voller Blüte steht und dadurch die warme Jahreszeit angekündigt wird. Und doch werden solche Anblicke immer seltener, lösen einfarbige Flächen die Farbenvielfalt ab, geht der Artenreichtum natürlicher Wiesen zurück.

Unterschiedliche Typen von Wiesen beherbergen auch unterschiedliche Lebewesen. Streuobstwiesen, Feuchtwiesen oder Trockentäler sind dabei die arttypischen Biotope der Alb mit jeweils eigener Tier- und Pflanzenwelt. So ist auch heute noch zu beobachten, wie der Maikäfer nach Abschluss seines Entwicklungsstadiums, von der Larve zum Käfer, das Erdreich der Wiesen verlässt und davonfliegt.

Maikäfer beim Start.

Unterirdische Welt

Nebelhöhle

Die Schwäbische Alb ist das größte Karstgebiet Mitteleuropas. Charakteristisch für ein Kalkgebirge sind seine Karsterscheinungen, also die chemische Verwitterung im wasserdurchlässigen Kalkgestein. So ist die Alb auch bekannt durch ihre zahlreichen Höhlen.

Höhlen entstehen überall dort, wo sich Gestein durch Wasser chemisch lösen lässt und dies trifft vor allem bei Kalk zu.

Auf der Schwäbischen Alb gibt es drei verschiedene Höhlentypen. Dies ist die Wasserhöhle, wie die „Wimsener Höhle" in der Nähe von Zwiefalten. Sie kann mit einem Kahn siebzig Meter in den Berg hinein befahren werden, dann ist sie für Touristen nicht mehr weiter zugänglich. In dieser Höhle entspringt die Zwiefalter Ach.

Der zweite Typ sind Höhlen, die sich im Übergangsstadium von Wasserhöhlen zu Trockenhöhlen befinden. Davon ist die bekannteste die Falkensteiner Höhle zwischen Bad Urach und Grabenstetten.

Und zuletzt sind es die reinen Trockenhöhlen, wie sie überall auf der Alb anzutreffen sind. Hierunter fallen auch die meisten Schauhöhlen mit ihren Tropfsteinbildungen, so auch die Nebelhöhle.

Zu den schönsten Tropfsteinhöhlen der Schwäbischen Alb zählt unbestritten diese Nebelhöhle bei Genkingen mit ihren geheimnisumwobenen Hallen, deren Besuch ein unvergessenes Erlebnis bleiben wird. Über 140 Stufen gelangt der Besucher in eine unterirdische sagenhafte Märchenwelt mit imposanten Tropfsteinhallen.

Wie entstehen aber solche Tropfsteine?

Das kohlensäurehaltige Sickerwasser, das in die Höhle eindringt, hat durch die chemische Lösung des Gesteins Kalk aufgenommen und hängt zunächst als kleiner Wassertropfen an der Decke. Da der Tropfen nicht gleich abfällt, sondern eine zeitlang hängen bleibt, verdunstet ein Teil des Wassers und lässt, nachdem der Tropfen abgefallen ist, einen winzigen Kalkring zurück. So entstehen mit der Zeit lange Deckentropfsteine - die Stalaktiten. Dort wo der herabfallende Tropfen aufschlägt, zerspritzt das Wasser und setzt wiederum Kalk frei. Es entstehen massige Tropfsteine - die Stalagmiten.

Nebelhöhle mit ihren märchenhaften Tropfsteinhallen.

Blick in die „Kleine Halle" der Laichinger Tiefenhöhle.

Laichinger Tiefenhöhle

Die Laichinger Tiefenhöhle ist mit über 80 Meter Tiefe, am Ortsrand von Laichingen, die einzige für Besucher zugängliche Schachthöhle. Über steile Eisenleitern und gemauerten Stufen geht es hinunter zur tiefsten für Touristen begehbaren Höhle Deutschlands. Der Abstieg bis auf 55 Meter Tiefe und der anschließende Aufstieg ist nicht für jedermann geeignet, wenn man bedenkt, wie steil die Eisenleitern und wie glitschig die Stufen und Treppen sind. Der Ein- und Ausstieg in die Höhle ist gut 90 Meter voneinander entfernt.

In den Wintermonaten wird die Höhle von Fledermäusen als Winterquartier genutzt und ist dann für Touristen geschlossen.

Friedrichshöhle

Bei Hayingen-Wimsen befindet sich die Friedrichshöhle, auch Wimsener Höhle genannt. Sie ist die einzige Schauhöhle, die nur mit einem Boot befahren werden kann. Bis auf 70 Meter Länge geht es in den Berg hinein. Elektrisch ausgeleuchtet ist die Befahrung der Höhle ein besonderes Erlebnis für Jung und Alt. Über dem Eingang an der Felswand erinnert die Inschrift auf einer Marmortafel an den Besuch des Kurfürsten Friedrich im Jahr 1803.

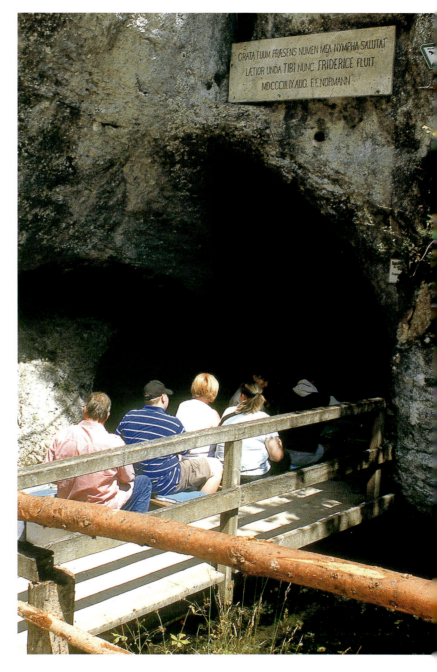

Einfahrt in die „Wimsener Höhle".

Die Höhlen werden oft als Winterquartiere für Fledermäuse genutzt. Hier überwintert ein Mausohr.

Falkensteiner Höhle

Zwischen Bad Urach und Grabenstetten erwartet den Wanderer ein erneutes Naturschauspiel. Die Falkensteiner Höhle galt lange Zeit als längste bekannteste Höhle auf der Schwäbischen Alb, bevor andere Höhlen, wie die Wulfbachquellhöhle im Donautal oder die Blauhöhle am Blautopf weiter erkundet wurden. Die Falkensteiner Höhle ist nur im vorderen Bereich für Besucher begehbar, dann geht es nur noch tauchend weiter. Der größte Teil der Höhle wird durch einen Höhlenbach durchflossen. Bei Hochwasser schießt die Elsach aus dem Eingangstor und verhindert dann teilweise selbst ein Begehen des imposanten Eingangsportals.

Mordloch

Das Mordloch im Roggental bei Geislingen-Eybach ist ebenfalls keine Höhle, die für Touristen geeignet ist. Die meisten Gänge der Höhle durchfließt hier ebenfalls ein Höhlenbach, der bei starken Regenfällen bis zur Höhlendecke ansteigen kann. So ist es für mangelhaft ausgerüstete Höhlenforscher lebensgefährlich die Höhle zu begehen. Das Mordloch ist für Touristen nicht erschlossen.

Gigantisch ist das Eingangsportal zur Falkensteiner Höhle.

Nicht ganz ungefährlich ist das Mordloch.

Dolinen

Im Zusammenhang mit den Höhlen sind auch die charakteristischen Dolinen der Schwäbischen Alb zu nennen. Sie entstehen wie die Höhlen durch den Lösungsvorgang des kohlensäurehaltigen Wassers im Kalkgestein des Juras. Bei den Dolinen, auch Erdfälle genannt, bricht das Erdreich meist trichterförmig in einen Hohlraum ein. Dolinen sind sichtbare Kennzeichen für den verkarsteten Untergrund der Schwäbischen Alb.

Ebenfalls können Dolinen einfach dort entstehen, wo die Höhlendecken nahe unter der Erdoberfläche verlaufen und mit der Zeit einstürzen.

Diese teilweise riesigen Einbuchtungen der Erdoberfläche, seit Jahrzehnten auch als wilde Müllkippen missbraucht, wurden früher häufig von den Bauern mit Erde aufgefüllt, damit sie ihre Felder besser bestellen konnten. In manchen dieser „Löcher" wurden sogar ganze Tierkadaver beseitigt, die dann das Wasser der Quellen in den Tälern verseuchten. Andererseits wurden wegen des Wassermangels auf der Albhochfläche früher größere Dolinen auch mit Lehm ausgeschmiert, um das Regenwasser zu sammeln.

Viele Dolinen sind auf diese Weise für immer zerstört, doch einige der noch bestehenden größeren Erdfälle wurden vor ihrer Vernichtung bewahrt.

Typische Erscheinungen für die Verkarstung der Schwäbischen Alb sind die Dolinen.

Naturgewalten

Vulkane

Vor 15 bis 20 Millionen Jahren waren Vulkane auf der Schwäbischen Alb ebenfalls für gewaltsame landschaftliche Veränderungen verantwortlich. Durch die zahlreichen Vulkanschlote - über 350 Ausbruchsröhren im Umkreis von 40 Kilometern - wurde die Schwäbische Alb um Urach, Neuffen und Kirchheim unter Teck, man kann es kaum glauben, mit zu den vulkanreichsten Gegenden dieses Planeten. Dieser sogenannte „Schwäbische Vulkan" hatte vermutlich im Erdinnern einen riesigen Herd von ca. 40 Kilometer Durchmesser und bildete so zahlreiche Sprengkessel aus. Solche Sprengkessel entstehen, wenn aufsteigendes heißes Magma auf Grundwasser trifft. Die daraus resultierenden mächtigen Wasserdampfexplosionen hoben an der Erdoberfläche flache Krater mit tiefen Tuffschloten aus. Austretendes Magma und somit Lavaströme gab es aber auf der Alb nicht.

Mit einem Durchmesser von 1200 Metern und einer Tiefe von 60 Metern ist das Randecker Maar der größte Vulkanschlot des ehemaligen Vulkangebiets. Unter Naturschutz gestellt liegt es unmittelbar am heutigen Albtrauf in der Nähe von Ochsenwang an der Straße von Schopfloch nach Weilheim/Teck. Teilweise mit riesigen Massenkalkblöcken umgeben und einst mit Wasser gesäumt, ist das Maar bereits durch die rückschreitende Erosion zum Albtrauf angeschnitten und entwässert. Dadurch hat man einen freien Blick zur Limburg bei Weilheim/Teck. Er ist ein „Vulkanberg", der heute als Umkehrrelief dieses Vulkanschlots als Bergkegel und als Zeuge seines vulkanischen Ursprungs erhalten blieb.

Neben dem Randecker Maar erhebt der Jusi bei Kohlberg den Anspruch der größte freistehende „Vulkanberg" und der zweitgrößte Vulkanschlot auf der Alb zu sein. Er ist nur noch durch einen Grat mit dem Albkörper verbunden. Gut zu erkennen ist auf seinem Gipfel der aufgeschlossene Basalttuff, also vulkanisch basaltische Asche.

*Blick vom Jusi
zur Burgruine Hohenneuffen.*

*Größter Vulkanschlot der
Schwäbischen Alb:
das Randecker Maar.*

Meteoriteneinschlag

Eine Besonderheit dieses Gebirgszuges zeigt sich im Nördlinger Ries im äußersten Nordosten der Schwäbischen Alb.

Eine Naturkatastrophe unvergleichbaren Ausmaßes war die Ursache für die Entstehung des Ries. Vor rund 15 Millionen Jahren prallte hier mit unvorstellbarer Wucht ein Meteorit mit über einem Kilometer Durchmesser auf die Erdoberfläche und sprengte einen fast kreisrunden Kessel mit 25 Kilometer Durchmesser und 700 Meter Tiefe aus. Das Ries war geboren.

Am Westrand des Ries erhebt sich der Ipf (668 m) bei Bopfingen. Er ist ein Weißjura-Zeugenberg und auch als der „Kahle Berg" bekannt. Er bezeugt, dass er früher einmal geschlossen zur Albhochfläche dazugehört hatte.

Erdbeben auf der Alb

Unbeherrschbare Naturgewalten in unserer Zeit lassen den Menschen überall klein und hilflos erscheinen, weisen ihn in der Konkurrenz mit der Natur in seine Schranken.

Eine wirkliche Naturkatastrophe kann unterdessen sein, wenn die Erde der Alb bebt und Menschen in Angst und Schrecken versetzt. So ist das Gebiet um den Hohenzollerngraben auf der Zollernalb eines der aktivsten Erdbebenzentren Mitteleuropas. Die Epizentren liegen in einer Tiefe von sechs bis 12 Kilometern und setzen Spannungen in der Erdkruste, die durch Schollenverschiebungen entstanden sind, plötzlich frei. Zwischen den Schollen sind zusätzlich die Ränder in die Erdkruste eingebrochen und bilden den bekannten Hohenzollerngraben.

Aber nicht, wie häufig zu lesen, ist dieser Hohenzollerngraben für die Erdbeben die Ursache, sondern die ihn durchquerende Bruchlinie im tiefen Untergrund. Sie ist bekannt als die Albstadt-Scherzone, die von der Ostschweiz über Albstadt und Tübingen bis Heilbronn reicht.

Aufgebaute Spannungen entladen sich dann immer wieder in ruckartigen Bewegungen. Die daraus resultierenden Erdbeben können dann unterschiedliche Stärken aufweisen. Neben bisher über 1000 kleineren und mittleren registrierten Erschütterungen auf der Zollernalb sind drei schwere Beben besonders zu nennen.

Zum einen als zum ersten Mal die Erde auf der Alb im November 1911 überraschend bebte, dann das starke Beben im Mai 1943 und das letzte schwere Erdbeben am 3. September 1978.

Notdürftig vor dem Einsturz gesichert: Das Erdbeben 1978 beschädigte viele Häuser auf der Zollernalb.

Einige der stark beschädigten Gebäude mussten abgebrochen werden.

*Am Westrand des Ries erhebt sich der
„Kahle Berg" Ipf bei Bopfingen.*

Bergrutsch

Am 12. April 1983 ereignete sich am Albtrauf bei Mössingen der größte Bergrutsch Baden-Württembergs seit mehr als 100 Jahren. Er zählt als Jahrhundertereignis und ist ein einmaliges Lehrbeispiel für die Rückverlagerung der Schwäbischen Alb. Hier zeigt die Natur imposant auf, wie sich dieses Rückschreiten des Albtraufs vollzieht.

Dass sich vor Jahrmillionen die Traufkante woanders befunden hatte, das zeugen zumindest Trümmerstücke aus dem Weißen Jura, die man im Vulkanschlot bei Stuttgart-Scharnhausen antrifft. Dieser befindet sich rund 25 Kilometer vom heutigen Albtrauf entfernt, wo jetzt der Weiße Jura beginnt. In der Umgebung des Vulkanschlots ist diese Gesteinsschicht nicht mehr zu entdecken. Sie wurde völlig abgetragen und hielt sich nur in diesem Schlot.

Rund 15 Millionen Jahre liegt es zurück, dass dieser Vulkan aktiv war. Es wird allerdings vermutet, dass die Alb einstmals sogar bis vor die Tore Stuttgarts reichte. Somit verlagerte sich der Trauf in 15 Millionen Jahren rund 25 Kilometer nach Südosten zum heutigen Standort. Statistisch sind dies 1,6 Millimeter im Jahr. Am Mössinger Bergrutsch zog sich die Alb innerhalb vier Stunden um 32 Meter zurück.

Auf Grund übergroßer Niederschlagsmengen gerieten am Hirschkopf bei Mössingen in diesem Zeitraum vier Millionen Kubikmeter Erde und Geröll mit einem Gesamtgewicht von acht Millionen Tonnen in Bewegung, drifteten talwärts und hinterließen eine Urlandschaft - eine biologische Nullzone. Einmalig war dann auch mitzuerleben, wie eine total zerstörte Landschaft von der Tier- und Pflanzenwelt wiederbesiedelt wurde und noch wird. Bis heute ist der Bergrutsch nicht ganz zum Stillstand gekommen. Als einer der bedeutendsten Geotope Deutschlands wurde der Bergrutsch 2006 mit dem Prädikat „Nationaler Geotop" ausgezeichnet. Zu verdanken ist dies auf Grund der Fotodokumentation und den Führungen des Autors dieses Buches.

Die Entwicklung des Bergrutsches kann bei den Führungen mit dem Buchautor Armin Dieter (Telefon: 07473/6830) miterlebt werden.

Erst vom Flugzeug aus lässt sich das ganze Ausmaß des Mössinger Bergrutsches erkennen (1983).

Gerade in der Geröllhalde ist die rasche Wiederbesiedlung am Beeindruckendsten. 1983 wurde sie noch als „biologische Nullzone" deklariert.

Die anfangs vegetationslose Steinwüste zeigt sich heute mit unterschiedlichsten Pflanzen bewachsen. Neben Laubgehölz ist auch vermehrt Nadelgehölz auszumachen.

Neugebildeter Albtrauf.

◀ *Bemerkenswert sind die kurz nach dem Bergrutsch von der Hochfläche losgelösten Schollen.*

Steinbruch bei Blaustein-Herrlingen:
Sehr deutlich ist rechts das „Ulmer Weiß" zu erkennen.

Steinbrüche

Ulmer Weiß

Die wirtschaftliche Nutzung des Weißen Jura wird an den Steinbrüchen auf der Hochfläche der Schwäbischen Alb ersichtlich. Bei diesen Steinbrüchen sind die Aufschlüsse mit den einzelnen Gesteinsschichten für jeden erkennbar. Sie zeigen, dass die Alb kein massiver Fels ist, sondern durch Schichtablagerungen entstand und teilweise wie gemauert erscheint. Dabei bilden die Kalke des Weißen Jura auch den Rohstoff für die Zementproduktion. Nach der Schließung der Steinbrüche, sogar teilweise noch während des Abbaus, bieten sie Ersatzlebensräume aus zweiter Hand für Fauna und Flora.

Herausstechend ist der Abbau des „Ulmer Weiß" bei Blaustein-Herrlingen. Diese fast weißen und hochreinen Kalkgesteine entstanden aus den Resten von Meeresorganismen, unter anderem aus den Schalen von Muscheln oder den Überresten der Kalkschwämme. Nach dem Abfließen des Jurameers wurden diese verfestigt und es bildete sich das hochwertige Kalkgestein. Das „Ulmer Weiß" ist ein Qualitätsbegriff. Dieser Kalk wird nicht für den Wegebau, sondern hauptsächlich für den Einsatz in der Industrie genutzt.

Versteinerungen

Das Jurameer entstand vor knapp 200 Millionen Jahren und bedeckte den südwestdeutschen Raum für über 50 Millionen Jahre, also auch das Gebiet der heutigen Schwäbischen Alb.

Versteinerungen und Fossilien der Lebewesen der damaligen Zeit sind je nach Art in den verschiedenen Schichten des Juragesteins zu entdecken. So findet der Fossiliensucher mit etwas Glück in den Aufschlüssen hauptsächlich Versteinerungen von Ammoniten und Belemniten, die zur Familie der Tintenfische gehörten.

Im Urweltmuseum Hauff in Holzmaden können Versteinerungen und Fossilien von Sauriern und verschiedenen Echsenarten bestaunt werden.

Im Braunen und Weißen Juragestein sind mit Glück Versteinerungen unter anderem von Ammoniten und Belemniten zu finden.

Der Dinosaurier am Eingang ins Urweltmuseum Hauff lädt zur Besichtigung seiner Ahnen ein.

*Die Hochfläche der Alb ist sprichwörtlich „steinreich".
Dies müssen die Landwirte auf ihren Äckern mühevoll erfahren.*

Das Nest der Feldlerche ist im Acker kaum zu entdecken.

Die Jungen werden erst sichtbar, wenn sie sperren, also die Schnäbel aufmachen und nach Nahrung betteln.

Wasser

Kliffe

Vor rund 25 Millionen Jahren überflutete in der Zeit des Jungtertiär das Meer, auf Grund starker Absenkungen im nördlichen Alpengebiet, zum letzten Mal den südlichen Teil der Alb. So zieht sich auch heute noch teilweise erkennbar vom Ries bis nach Tuttlingen ein Brandungskliff hin. Sehr gut erhalten und ersichtlich ist dies am Heldenfinger Kliff am Ortsrand von Heldenfingen zwischen Heidenheim und Ulm.

Kaum vorstellbar, dass es aber schon über 18 Millionen Jahren her ist, dass hier eine Meeresbrandung an Land schlug, denn die Brandungslinie und die zahlreichen Bohrmuschellöcher in dem Kalkfels sind noch sehr gut erhalten. Die Bohrmuscheln waren damals die Tierart, die im Bereich der Küste am häufigsten vorkamen.

Bohrmuscheln durchlöcherten das Kliff.

Das Heldenfinger Kliff ist der sichtbare Rest einer ehemaligen Felsenküste.

Hülen

So wie sich im Zeitalter der Meere im Bereich der heutigen Schwäbischen Alb noch kein Wassermangel abzeichnete, sieht es aber heute ganz anders aus. Auf der verkarsteten Alb sind nämlich kaum Bäche oder Seen anzutreffen.

Betrachtet man die Schichtablagerungen in den Steinbrüchen, ist es leicht zu verstehen, dass das Wasser rasch versickert.

Und im Zusammenhang mit Wasseransammlungen sind auf der Schwäbischen Alb der frühere Vulkanismus anzuführen.

Nach Abklingen der vulkanischen Tätigkeit blieb in den Schloten der Basalttuff stecken, der teilweise zu Lehm verwitterte. Zusätzlich brach von den Rändern Gesteinsmaterial nach und verfüllte den Schlot. In dem Krater über dem Schlot konnte sich somit auf den wenig wasserdurchlässigen Tuffen das Regenwasser ansammeln. Es entstand ein See - die Hüle. Aber bereits in unmittelbarer Umgebung dieses Vulkanschlots versickerte das Wasser in dem verkarsteten Untergrund.

Die meisten menschlichen Ansiedlungen entstanden um solche Kraterseen, da ja das kostbare Wasser in der Umgebung sofort im Weißjura verschwand. Mit der Zeit verlandeten dann wieder die meisten dieser Hülen. Die Zaininger Hüle ist eine dieser letzten Relikte. Bis zum Bau der Albwasserversorgung im Jahr 1921 war diese Hüle zum Überleben von Mensch und Tier wichtig. Heute ziert diese Hüle als Dorfteich die Zaininger Dorfmitte.

Moore

Das Schopflocher Moor zwischen Schopfloch und Ochsenwang entstand auf einem wasserundurchlässigen Vulkanschlot. Auf Grund jährlicher hoher Niederschlagsmengen, seiner Muldenlage und weil mit der Zeit der See verlandete bildete sich ein Moor. Der Torfabbau in dem Hochmoor begann im Jahr 1784 und wurde um 1900 wieder eingestellt. Heute bietet das Moor für eine Vielzahl von seltenen Pflanzen und Tieren einen neuen Lebensraum und ist als Naturschutzgebiet ausgewiesen.

Auf einem erloschenen Vulkanschlot bildete sich ein „Kratersee" - die Hüle. Heute schmückt die Zaininger Hüle die Ortsmitte von Römerstein-Zainingen.

Das Schopflocher Moor wurde als Naturschutzgebiet ausgewiesen und beherbergt viele seltene Tiere und Pflanzen.

Das Moor ist auf speziell angelegten Wegen und Stegen begehbar und frei zugänglich.

Quellen

Auf Grund der Verkarstung der Schwäbischen Alb sind größere Quellen und Bachläufe schon eine Besonderheit.

Am Ortsrand von Blaubeuren entspringt Deutschlands schönste Karstquelle und gleichzeitig die zweitgrößte Quelle der Schwäbischen Alb mit ihrer sagenumwobenen Blauhöhle. Am Ufer der Quelle befindet sich idyllisch gelegen die Hammerschmiede, die ebenfalls viele Besucher anlockt. An manchen Tagen, je nach Sonneneinstrahlung, weist der Quelltopf eine tiefblaue Färbung auf. Im Frühjahr nach der Schneeschmelze oder nach starken Regenfällen schüttet die Quelle bis zu 33 000 Liter pro Sekunde aus.

Bundesweit in der Bevölkerung bekannt geworden ist der Blautopf auch durch den Höhlenforscher Jochen Hasenmayer, der immer wieder die Blauhöhle erforscht und so auch den Mörike-Dom, eine riesige Halle in der Höhle, entdeckte.

Donauversickerung

Charakteristisch für die Schwäbische Alb ist, wie bereits mehrfach erwähnt, der Wassermangel.

Ein großartiges Schauspiel zeigt sich an der jungen Donau bei Immendingen. Dem Flussbett der Donau folgend, erlebt der Wanderer kurz nach Immendingen ein Lehrbeispiel für die Verkarstung der Schwäbischen Alb.

Nach nur 26 Kilometer langem Flusslauf findet hier die junge Donau an heißen Sommertagen bereits zum ersten Mal ihr abruptes Ende. Die wohlgeschichteten Kalke des Weißjura Beta sind an dieser Stelle stark zerklüftet und lassen das Wasser versickern. Bis zu 155 Tagen im Jahr (lt. Angabe vor Ort) verschwindet hier die Donau vollständig und kommt erst wieder 60 Stunden später in der 12 Kilometer entfernten und rund 180 Meter tiefer gelegenen Aachquelle zum Vorschein. Der Aachtopf in der Stadt Aach ist die stärkste Quelle Deutschlands.

Nach den Versickerungsstellen sorgen ab Möhringen Zuflüsse der Donau wieder für einen dauerhaften Wasserlauf. Des Weiteren gewährleistet ein Umleitungsstollen zwischen Immendingen und Möhringen zusätzlich eine Mindestwassermenge der Donau im anschließenden Flussbett.

Idyllisch liegt die „Hammerschmiede" am Rand der Quelle des Blautopfes.

An manchen Tagen ist die tiefblaue Färbung besonders intensiv.

Ein besonderes Schauspiel ist die Donauversickerung bei Immendingen.

Beeindruckend ist der Steilanstieg zur Hochfläche auf die Alb am Mössinger Albtrauf. Hier fällt der Blick vom Roßbergturm entlang des Traufs über Filsenberg, Farrenberg und Dreifürstenstein.

Gegensätze

Albtrauf und Hochfläche

Der Gegensatz von den bewaldeten Steilhängen des Albtraufs und offener Hochfläche zeigt sich eindrucksvoll am Mössinger Albtrauf mit Filsenberg, Farrenberg und Dreifürstenstein. Bis zu 400 Metern erheben sich hier die Berge über das Albvorland.

Der Filsenberg ist ein Auslieger der Schwäbischen Alb und beherbergt auf seinem Plateau eine Vielfalt von seltenen Pflanzen.

1983 unter Naturschutz gestellt, ist er gerade im Frühjahr zur Orchideenblüte ein sehr beliebtes Ausflugsziel für Naturfreunde. Hervorstechend ist dabei die Anhöhe des Meisenbühls mit herrlichem Blick über die ebene Fläche des Filsenbergs. Aber auch sonst bietet diese Hochfläche ideale Möglichkeiten für Spaziergänge und Wanderungen zu den angrenzenden Anhöhen mit vielen Aussichtspunkten, wie zum Beispiel das „Teufelsloch" mit herrlicher Sicht auf den Farrenberg.

Der Farrenberg (820 m) genießt als Mössingens „Hausberg" einen großen Bekanntheitsgrad. Er ist ein Zeugenberg und bereits vom übrigen Albkörper abgetrennt. Auf seiner Hochfläche hat sich in Form einer großen Tafel ein Stück Albhochfläche unverändert erhalten. Die ebene Fläche ist ideal für die Ausübung des Flugsports, weshalb man von hieraus mit Sportflugzeugen oder Segelfliegern die Umgebung aus der Vogelperspektive erkunden kann. An der „Ziegelrutsche" hat man ebenfalls eine überwältigende Aussicht auf das Albvorland.

Der Dreifürstenstein (854 m) zwischen Mössingen und Beuren ist ebenfalls weit über die Region hinaus bekannt. Seinen Namen verdankt der Berg den drei hier einst angrenzenden Fürstentümern Württemberg, Hohenzollern und Fürstenberg. Allerdings besitzt er nicht wie die beiden anderen beschriebenen Berge eine flache unbewaldete Hochfläche, sondern ist mit Wald bedeckt. Am Aussichtspunkt Dreifürstenstein werden die Bäume kurz gehalten und so hat man hier eine der eindrucksvollsten Impressionen von der Burg Hohenzollern und dem Albvorland.

*Vom Aussichtspunkt „Teufelsloch"
hat der Wanderer eine freie Sicht
auf den Farrenberg gegenüber
und nach Talheim hinunter.*

◀ *Klatschmohnfeld vor der
Kulisse des Dreifürstensteins.*

*Von Öschingen aus gelangt der
Wanderer auf den Filsenberg.
Blick vom Meisenbühl über die
Hochfläche des Filsenbergs in
Richtung des Aussichtspunktes
„Teufelsloch"*

Charakteristisch für die Schwäbische Alb sind die Schafherden und die Schäfer.

Die unter Schutz stehenden Wachholderheiden bieten vielen seltenen Lebewesen letzte Rückzugsgebiete und sind auch Paradiese für Orchideen. Schafe halten natürlicherseits die Wachholderheiden vor der Bewaldung und Verbuschung frei.

Wahrzeichen der Schwäbischen Alb ist die Silberdistel. Sie kommt noch auf den Wachholderheiden vor.

Orchideen

„Exoten" der Alb

Die vermutlich artenreichste Pflanzenfamilie der Welt sind die Orchideen. Von den über 20 000 verschiedenen Spezies gibt es auch einige auf der Schwäbischen Alb. Allerdings machen sie einen verschwindend geringen Anteil gegenüber den auf der restlichen Welt vorkommenden Arten aus. Und trotz ihrer Vielfalt sind viele von ihnen sehr selten und von der Ausrottung bedroht. Die Orchideen der Alb stehen alle unter Schutz und dürfen weder ausgegraben noch gepflückt werden.

Auf den weiten Hochflächen der Alb, wie zum Beispiel auf dem bereits erwähnten Filsenberg oder auf den Wachholderheiden, entdeckt man ebenfalls diese exotisch anmutenden Pflanzen. Unter ihnen die verschiedenen Knabenkräuter und Ragwurzarten. Dabei werden die Ragwurzarten auch Pflanzen der „Sexualtäuschung" genannt, denn sie wenden zur Gewährleistung ihrer Fortpflanzung einen allzu menschlichen Trick an: ein „Parfüm".

So senden die Blüten der Hummel-Ragwurz einen Sexualduftstoff aus, der männliche Langhornbienen anlockt. Ist das Insekt in Sichtweite der Pflanze, so wird es noch zusätzlich durch ihre Blütenform getäuscht, denn es glaubt eine weibliche Artgenossin vor sich zu haben. Es setzt sich auf die Blüte und führt Kopulationsbewegungen aus. Dabei werden die gestielten Pollinien (Pollen) auf den Kopf der Biene gedrückt und bleiben daran haften. Die Erdbiene bemerkt den ganzen Schwindel, fliegt weiter und fällt aber alsbald auf eine neue Ragwurzblüte herein. Der Kopulationsversuch beginnt aufs Neue, die mitgeführten Pollinien werden auf die Narbe gedrückt und sichern so die Fortpflanzung dieser Orchideenart.

Die bekannteste, schönste und von der Einzelblüte größte einheimische Orchidee der Schwäbischen Alb ist der Frauenschuh. Ihre kalkhaltigen Standorte werden aber von Jahr zu Jahr immer seltener.

*Der Meisenbühl auf dem Filsenberg ist ein Paradies für Orchideen.
Unter vielen verschiedenen Arten blüht auch das „Kleine Knabenkraut".*

Geflecktes Knabenkraut

Brandknabenkraut

Kaum einen Zentimeter im Durchmesser misst die Blüte der Hummel-Ragwurz.

Die größte und bekannteste Orchidee der Schwäbischen Alb ist der Frauenschuh.

Wanderziele

Vom Lemberg zum Roßberg

Die Schwäbische Alb ist bei den Wanderern ein beliebtes Ziel. Das Mittelgebirge vom Randen bis zum Nördlinger Ries hält dabei viele Abwechslungen und herrliche Wanderrouten bereit.

Dabei ist die südwestliche Alb mit Zollernalb und der mittleren Kuppenalb vom Lemberg bis zum Roßberg eines der beliebtesten Wandergebiete. Die Wanderroute verläuft häufig entlang des Nordrandweges (HW 1) des Schwäbischen Albvereins. Einige der nun folgenden Ziele wurden auch schon in vorhergehenden Kapiteln vorgestellt.

Der **Lemberg** ist mit 1015 Höhenmetern der höchste Berg der Schwäbischen Alb. Außerhalb von Gosheim führt ein steiler Wanderweg auf den Lemberg hinauf. Auf dem Gipfel unterhält der Albverein einen Aussichtsturm.

Im Anschluss zieht der **Plettenberg** (1002 m) auf Grund der Lastenseilbahn des Zementwerkes bei Dotternhausen, die auf seinen Gipfel führt, die volle Aufmerksamkeit auf sich.

Der unter Naturschutz stehende **Lochenstein** (963 m) bei Balingen-Weilstetten ist ein beliebtes Ausflugsziel für die nähere Umgebung. Der Aufstieg zum Gipfelkreuz des Bergstotzen garantiert einen faszinierenden Ausblick auf das Albvorland und entlang des Traufs. Der Lochenstein zählt geologisch gesehen zu den von Kieselschwämmen aufgebauten Riffen.

Vom **Zeller Horn** bei Onstmettingen hat der Wanderer einen sagenhaften Blick auf den Zollern (855 m). Überwältigt steht der Ausflügler der Burg Hohenzollern von Angesicht zu Angesicht gegenüber. Mit dem Gefühl der Ehrfurcht möchte der Naturfreund an diesem Aussichtspunkt stundenlang verweilen und sich an dem Panorama erfreuen.

Dann in östliche Richtung weiter entlang des Traufs wandernd, erreicht man nach kurzer Wegstrecke den **Trauffelsen** am Raichberg mit herrlicher Aussicht auf das Albvorland. Und plötzlich öffnen sich an der Kante tiefe Spalten und Risse.

Und nach einem weiteren halben Kilometer steht der Wanderer erstaunt und überrascht am „**Hangenden Stein**", ein Zeugnis großflächiger Erosion. Hier hat sich eine fast kreisrunde Scholle, die über eine kleine Metallbrücke begehbar ist, von der Hochfläche abgespalten und ist somit eine touristische Attraktion mit herrlichem Ausblick auf den Dreifürstenstein.

Anschließend von Beuren auf den Gipfel des **Dreifürstensteins** (854 m) aufgestiegen, erreicht der Wanderer, immer am Trauf entlang, nach zwei Kilometer Richtung Osten den größten Bergrutsch Baden-Württembergs - den **Mössinger Bergrutsch** am Hirschkopf.

Landschaftlich überaus reizvoll gelegen und einer der Höhen- und Höhepunkte ist dann der **Roßberg** (869 m) bei Genkingen auf Gemarkung Gönningen. Er ist ein beherrschender Aussichtspunkt über die mittlere und südwestliche Alb. Der dreißig Meter hohe Roßbergturm, mit angeschlossenem Wanderheim des Schwäbischen Albvereins, ermöglicht einen rundum freien Blick über das Albpanorama und weit hinaus in den Stuttgarter Raum. Über dem Albtrauf bei Mössingen mit Filsenberg, Farrenberg und Dreifürstenstein ist im Westen der Schwarzwald am Horizont als blauer Streifen auszumachen. Zu erkennen sind vom Roßberg aus auch die zahlreichen Kuppen auf der Hochebene, weshalb dieser Teil der Schwäbischen Alb auch mittlere Kuppenalb genannt wird.

Auf solch einer Kuppe, dem **Kornbühl** (886 m), steht erhaben die „Salmendinger Kapelle" etwas außerhalb von Salmendingen. Die Kapelle ist der heiligen Anna geweiht. Dieser beliebte Wallfahrts- und Ausflugsort wird kreisförmig von landwirtschaftlich genutzten Flächen umsäumt. Seit 1983 steht der Kornbühl auf Grund einer Vielzahl vom Aussterben bedrohter Tier- und Pflanzenarten unter Naturschutz.

Vom Klippeneck aus hat man eine herrliche Sicht zum höchsten Berg der Alb. Über der Gemeinde Gosheim erhebt sich der Lemberg mit 1015 Höhenmetern.

Der Lochenstein, auch nur Lochen genannt, ist ein beliebtes Ausflugsziel am Wochenende in den Balinger Bergen – und dies nicht nur zur Herbstzeit.

◄ *Sagenhafter Blick vom Zeller Horn auf die Burg Hohenzollern.*

Kann jederzeit abstürzen: der Hangende Stein bei Onstmettingen auf der Zollernalb.

Auf dem Kornbühl steht erhaben die Salmendinger Kapelle.

Der Kornbühl bei Salmendingen erhebt sich kuppenartig über der Hochfläche. Deshalb wird die Schwäbische Alb in diesem Bereich auch mittlere Kuppenalb genannt.

◀ *Landschaftlich überaus reizvoll gelegen und einer der Höhepunkte ist der Roßberg (869 m), ein beherrschender Aussichtspunkt.*

Schlösser

Nicht nur die bereits angesprochenen Besonderheiten machen den großen Reiz dieser Landschaft aus, sondern auch die vielen Sehenswürdigkeiten und Kulturgüter.
So ist Baden-Württemberg das burgenreichste Bundesland. Und die meisten Schlösser, Burgen und Ruinen stehen auf der Schwäbischen Alb.

Burg Hohenzollern

Der meistbesuchteste Berg der Schwäbischen Alb ist der Hohenzollern - auch Zollern oder Zollernberg genannt - bei Hechingen. Allerdings steht der Berg mit seiner Burg Hohenzollern auf der Gemarkung des Bisinger Ortsteil Zimmern. Der Zollern ist ein dem Albkörper vorgelagerter Zeugenberg. Er steht inmitten des Hohenzollerngrabens und ist nur durch einen Sattel mit dem restlichen Trauf verbunden. Als eine der ältesten Höhenburgen entlang des Albtraufs und Stammburg des gleichnamigen Adelsgeschlechts wurde sie im Jahr 1050 erstmals erwähnt und erhielt in den Jahren 1850 bis 1867 ihr heutiges Erscheinungsbild. Sie ist die dritte Burg an dieser Stelle, nachdem die zweite Festung zusehends verfiel. Nach den politischen Unruhen 1848/49 in Süddeutschland gelangten die hohenzollerischen Fürstentümer in den Einfluss des Königreichs Preußen. Dies bewirkte, dass die Stammburg Hohenzollern bis in unsere Zeit zum überwiegenden Teil hohenzollerisch-preußisch wurde.

Schloss Sigmaringen

Ein weiteres sehenswertes Schloss der Hohenzollern ist das Sigmaringer Schloss in Sigmaringen. Das Schloss des Fürsten von Hohenzollern wurde im Jahr 1077 erstmals erwähnt und steht majestätisch auf einem 50 Meter hohen Felssporn über der Donau.

Seit dem Untergang der Linie Hohenzollern-Hechingen im Jahr 1869 ist Schloss Sigmaringen der alleinige Sitz und die Residenz des jeweiligen Fürsten von Hohenzollern.

Burg Hohenzollern

„Grafensaal": Festsaal der Burg mit vergoldeten Deckenwölbungen und Säulenkapitelle.

Schloss Sigmaringen aus einer ungewohnten Perspektive gesehen.

Über der Donau steht Schloss Sigmaringen des Fürsten von Hohenzollern.

Einer der Prachträume auf Schloss Sigmaringen ist das Königszimmer. Die Wände sind mit Genueser Samt bespannt. Die Kommode unter dem venezianischen Spiegel stammt aus dem Jahre 1761.

In der Waffenhalle ist die größte private Waffensammlung Europas zu sehen.

Schloss Lichtenstein

Das Wahrzeichen der Reutlinger Alb und gleichzeitig das „Württembergische Neuschwanstein" thront auf einer steilen Felsnadel hoch über dem Echaztal und der Gemeinde Honau. Nach dem Roman von Wilhelm Hauff ließ Herzog Wilhelm von Urach, Graf von Württemberg, diesen märchenhaften Bau auf einer alten Burgstelle errichten. 1842 wurde Schloss Lichtenstein in Anwesenheit von König Wilhelm I. eingeweiht. Die romantische Ritterburg, die nur über eine Zugbrücke zu erreichen ist, dürfte neben der Burg Hohenzollern die bekannteste Burg der Schwäbischen Alb sein.

Wenige hundert Meter weiter im Wald sind noch die Reste von Ruinen des untergegangenen alten Lichtenstein zu sehen.

Direkt am Parkplatz des Schloss Lichtenstein eröffnete ein neuer Kletterpark, der Alt und Jung auf verschiedenen Kletterrouten mit unterschiedlichen Schwierigkeitsgraden fordert.

Wahrzeichen der Reutlinger Alb:
Schloss Lichtenstein.

*Märchenschloss:
Schloss Lichtenstein*

Wenige hundert Meter neben dem Schloss Lichtenstein befinden sich mitten im Wald die Ruinen des „Alten Lichtenstein". Zerstört wurde die Burg in den Jahren von 1377 - 1388.

*Kletterpark am Schloss Lichtenstein:
Gesichert mit Klettergurt, Karabiner und Helm
geht es in schwindelerregende Höhen von über
16 Metern zum „Seiltanz".*

Schlösser und Burgen der Ostalb

Abstecher lohnen sich auch auf die Ostalb zu herrlich gelegenen Schlössern und Burgen.

So ist weniger bekannt und trotzdem genauso nennenswert und besuchenswert, die den Ort Dischingen überragende Sommerresidenz des Fürstenhauses von Thurn und Taxis, **Schloss Taxis,** in einem weiträumig angelegten Englischen Park. Allerdings ist das Schloss und der Schlosshof nicht frei zugänglich. Ursprünglich war dies im 13. Jahrhundert eine Burg der Herren von Trugenhofen und gelangte im Jahr 1734 nach mehreren Besitzern an die Fürsten von Thurn und Taxis. Es folgte eine Umbenennung des Schlosses von „Trugenhofen" in „Schloss Taxis".

Wie aus einem Märchenbuch heraus erstrahlt nördlich von Dischingen die alte **Ritterburg Katzenstein** am Rand der gleichnamigen Ortschaft. Sie ist ein Vorzeigeobjekt mittelalterlicher staufischer Burgenbaukunst aus dem 11. bis 13. Jahrhundert. Mächtig überragt der rund 900jährige Bergfried die kleine Burganlage. Ab 1834 war Katzenstein nicht mehr bewohnt und verfiel langsam. Von Privatleuten in jüngerer Zeit saniert, entspricht die heutige Anlage früherer Ansichten.

Am Nordrand der Schwäbischen Alb steht oberhalb Lauchheims in exponierter Lage die weithin sichtbare und beeindruckende **Kapfenburg,** ein ehemaliges Deutschordensschloss. Die Kapfenburg ist heute im Besitz des Bundeslandes Baden-Württemberg. Bei einer Führung durch die Anlage ist der 200 Quadratmeter große Rittersaal besonders hervorzuheben.

Fast am äußersten Nordosten der Schwäbischen Alb gehört der Besuch von **Schloss Harburg** zum Pflichtprogramm. Seit dem 18. Jahrhundert ist das fürstliche Haus Öttingen-Wallerstein der stolze Besitzer einer der schönsten Burganlagen Deutschlands, neben der Burg Hohenzollern. Das gleichnamige Städtchen Harburg, unten am Flusslauf der Wörnitz, ist berühmt durch seine Steinbrücke aus dem Jahre 1712. Idyllisch spiegelt sich an diesem Platz die Silhouette von Schloss Harburg in der Wörnitz, die von dieser Steinbrücke überspannt wird.

Sommerresidenz über Dischingen: Schloss Taxis.

Mittelalterliche Ritterburg: Burg Katzenstein.

Am Nordrand der Schwäbischen Alb steht in exponierter Lage die Kapfenburg.

Im Vergleich das Wohnhaus mit der mächtigen Anlage von Schloss Harburg.

Oberhalb des Durchbruchstals der Wörnitz ist Schloss Harburg auf der Ostalb allemal ein Besuch wert.

Burgruinen

Nach den Schlössern gibt es auf der Schwäbischen Alb ebenfalls zahlreiche Burgruinen zu entdecken. Teils romantisch gelegen, teils markant und bedeutsam, sind nachfolgend mit die interessantesten Anlagen zu nennen.

Ruine Bichishausen

Oberhalb des idyllisch gelegenen Ortes Bichishausen im Lautertal liegt märchenhaft die gleichnamige Burgruine Bichishausen. Die im Jahr 1296 erstmals als „Burg Bichishausen" erwähnte Anlage wurde von den Herren von Gundelfingen auf einem Bergsporn errichtet. Heute ist die Anlage im Besitz des Landkreises Reutlingen, der sie auch restaurierte und sicherte. Vom großen Burghof aus erreicht der Besucher über eine freitragende Eisentreppe den oberen Burghof und damit die dahinter liegenden Reste der Ruine.

Ruine Hohenneuffen

Der Hohenneuffen, die mächtigste Burgruine der Alb, thront in 743 Meter Höhe fast 350 Meter über dem Städtchen Neuffen. Die Gründung dieser mittelalterlichen Höhenburg geht auf das Jahr 1100 zurück. Im Jahr 1301 erwarben die Grafen von Württemberg die Burg, unter denen die Anlage weiter ausgebaut und befestigt wurde. Herzog Ulrich ließ dann im 16. Jahrhundert die Burg zur Landesfestung erweitern. Als Staatsgefängnis war der Hohenneuffen lange Zeit gefürchtet. Offiziell im Jahr 1801 aufgegeben und teilweise abgetragen, verfiel die Burg zusehends und gelangte erst über 100 Jahre später zu neuen Ehren. Seine letzte hochoffizielle Bedeutung hatte der Hohenneuffen, als sich am 2. August 1948 die Ministerpräsidenten der Länder Südbaden, Württemberg-Baden und Württemberg-Hohenzollern zur „Drei-Länder-Konferenz" einfanden und den Grundstein zur Gründung des Bundeslandes Baden-Württemberg legten.

Ruine Reußenstein

Hoch über dem Neidlinger Tal beherrscht zwischen Schopfloch und Wiesensteig auf einem steilen Riffkalkfelsen die Burgruine Reußenstein (760 m) die ihr zu Füßen liegende Landschaft. Trotz mehrfacher Eroberungen wurde die Burg niemals zerstört, sondern verfiel mit der Zeit. Im Jahr 1964 erwarb der Landkreis Nürtingen die Ruine und sicherte die Gemäuer.

Ruine Hohenrechberg

In Sichtweite des Hohenstaufen bei Göppingen prangt auf einem Vorsprung des Rechbergs (707 m) die Ruine Hohenrechberg.
Im Jahr 1865 zerstörte ein Blitzschlag zum Großteil die Burg Hohenrechberg und seit dem ist sie eine Ruine. Seit einigen Jahren in Privatbesitz wurde sie umfangreich saniert.
Den Gipfel des Rechbergs schmückt eine sehenswerte Wallfahrtskirche, die über einen Stationsweg von der Ruine aus zu erreichen ist.

Ruine Flochberg

Zuletzt ist im Nördlinger Ries noch die Ruine Flochberg nennenswert. Gegenüber dem Ipf überragt die staufische Burgruine Flochberg das Städtchen Bopfingen. Wie Theaterkulissen stehen die letzten Mauerreste der im Jahr 1140 erstmals genannten Burg auf einem aus dem Rieskrater geschleuderten Felsen. Als Festung ausgebaut, wurde sie im Dreißigjährigen Krieg zerstört und danach dem Verfall überlassen.

Bichishausen im Lautertal:
Links oben prangt die gleichnamige Ruine.

Verträumt gelegen: Ruine Bichishausen. Vom großen Burghof erreicht man über eine freitragende Eisentreppe den oberen Burghof und die dahinter liegenden Reste der Ruine.

Am Fuß der Ruine Hohenneuffen wird der bekannte Täleswein angebaut.

Hoch über dem Neidlinger Tal erhebt sich die Burgruine Reußenstein.

Theaterkulisse:
Reste der staufischen Burgruine
Flochberg überragt das Städtchen
Bopfingen im Nördlinger Ries.

Über eine ehemalige Zugbrücke gelangt man über einen
sehr tiefen Burggraben in die Burgruine Hohenrechberg.

*Durchbruchstal der Donau:
Links oben steht Schloss Werenwag des Hauses zu Fürstenberg.*

Donautal

Einer der landschaftlichen Höhepunkte der Schwäbischen Alb ist unbestritten das reizvoll gelegene Donautal zwischen Fridingen und Sigmaringen. Malerische Winkel, bizarre Felsformationen und verschwiegene Plätze entlang der Donau bezaubern und belohnen jeden, der dafür die notwendige Zeit und Ruhe mitbringt.

Diese Ruhe kann der Naturfreund auch für kurze Zeit in der Kirche des Benediktinerklosters Beuron finden.

Kloster Beuron

Kloster Beuron gilt als die meistbesuchteste Touristenstätte des Donautals. In einer großen Schleife umfließt die Donau die Benediktinerabtei und gibt den Blick auf die gern besuchte Klosteranlage frei. Im 11. Jahrhundert als Chorherrenstift der Augustiner gegründet und 1803 nach Auflösung des Klosters in den Besitz des Fürsten von Hohenzollern-Sigmaringen übergegangen, zogen im Jahr 1863 Benediktiner in die leeren Gebäude ein und widmeten sich hier der Kunst und der Wissenschaft. In der Klosterkirche ist ein Altarblatt im Stil der Beuroner Kunstschule angebracht.

Eichfelsen

Auf der gegenüberliegenden Talseite von Beuron geht es steil hinauf auf die Albhochfläche nach Irndorf. Vom Ortsrand ist es dann nicht mehr weit zum Eichfelsen, dem schönsten Aussichtspunkt auf das Durchbruchstal der Donau, das wegen seiner Faszination auch „Schwäbischer Canyon" genannt wird. Bis zu 200 Meter tief hat sich hier die Donau in das Juragestein eingeschnitten. Hoch oben thront das fürstenbergische Schloss Werenwag.

In einer großen Schleife umfließt die Donau das malerisch gelegene Kloster Beuron.

Burg Wildenstein

Auf der anderen Talseite gegenüber Schloss Werenwag erhebt sich bei Leibertingen auf einem schroffen Felsen die mittelalterliche Burg Wildenstein. Auf Grund ihrer Lage wurde die Burg niemals zerstört. Sie besteht aus einer „Vorburg" und einer „Hauptburg", die jeweils über Brücken zu erreichen sind. Im Jahr 1971 wurde die Anlage vom Deutschen Jugendherbergswerk erworben und zur Jugendherberge umfunktioniert. Heute gilt sie als die schönste Jugendherberge des Landes. Die Räumlichkeiten, außer dem Burghof und der Burgschenke, sind somit nur den Jugendherbergsgästen vorenthalten. Trotzdem erfreut sich der Besucher an der Burgenromantik und der herrlichen Aussicht ins Donautal. Über einen steilen Weg gelangt der Wanderer hinunter zur Donau nach Beuron und von dort entlang des Flusses zu einer Felsenburg. Unterwegs begegnet er den charakteristischen Kletterfelsen des Donautals.

Gebrochen Gutenstein

Gerade im Donautal überraschen einen zahlreiche Felsenburgen und Felsenhöhlen.

Und manche der verwegenen Felsformationen erweisen sich bei genauerer Betrachtung als Ruinen früherer Felsenburgen. Die markanteste und zweifellos beeindruckendste davon ist „Gebrochen Gutenstein". Es ist abhängig, von welcher Seite der Wanderer den Fels betrachtet, entweder zeigt sich dieser nur als eine normale Felsspitze oder als eine Ruine. Vermutlich um 1200 ist die Burg hoch auf diesem Felsen errichtet worden und bereits wieder im Jahr 1410 untergegangen.

1783 ging „Gebrochen Gutenstein" in den Besitz der Fürsten von Hohenzollern über.

*200 Meter über der Donau: Burg Wildenstein.
Schönste Jugendherberge Baden-Württembergs.*

Felsenburg im Donautal: „Gebrochen Gutenstein".

*Frühkeltischer Fürstensitz: die Heuneburg.
Von der Seite der Donau erkennt man hoch oben bei Hundersingen ein Stück der rekonstruierten Lehmziegelmauer.*

Fürstengrabhügel in der Nähe des Freilichtmuseums Heuneburg.

Frühe Besiedlungen

Heuneburg

Einen hohen Stellenwert nimmt der frühkeltische Fürstensitz Heuneburg bei Hundersingen ein. Bereits im 6. Jahrhundert vor Christus besiedelten die Kelten die Heuneburg. Wertvolle archäologische Ausgrabungen und Funde erregten immer wieder großes Aufsehen über diese riesige Anlage. Schon von weitem sichtbar ist heute das Freilichtmuseum über der Donau mit der rekonstruierten Lehmziegelmauer mit überdachtem Wehrgang und dem Donautor. Im Freilichtmuseum sind dann noch weitere original nachgebaute Gebäude zu bestaunen. Die Heuneburg liegt 60 Meter über dem Donauufer und bietet somit einen weiten Ausblick in die Ferne.

In der Umgebung der Heuneburg befinden sich zusätzlich noch mehrere, unterschiedlich hohe Fürstengrabhügel, die es lohnt aufzusuchen. Die Geschichte der Heuneburg und Funde der Ausgrabungen des frühkeltischen Fürstensitzes, sowie in den Grabhügeln können im Heuneburgmuseum in Hundersingen besichtigt werden.

Rekonstruierte Häuserzeile mit reetgedecktem Wohngebäude und anschließender schindelgedeckter Werkstatt.

Wohnhöhlen

Nachweislich sind auf der Schwäbischen Alb Wohnhöhlen aufzufinden, die bereits vor über 30 000 Jahren besiedelt waren oder als Raststätte genutzt wurden.

Einen besonderen Reiz hat dabei die erst im Jahr 1931 entdeckte Vogelherdhöhle bei Niederstotzingen-Stetten im Lonetal bei Heidenheim. Berühmt wurde der „Vogelherd", wie die Höhle auch häufig bezeichnet wird, durch die Funde eiszeitlicher Kunstgegenstände aus Mammutelfenbein.

Rund 30 000 Jahre alt sind die gefundenen Kleinplastiken des Panthers und des Wildpferdes (4,8 cm lang und 2,5 cm hoch). Die als Naturdenkmal ausgewiesene Höhle ist frei zugänglich.

Eine weitere von zahlreichen Wohnhöhlen, ist die Kallenberghöhle hoch oben in einer steilen Felswand im Oberen Donautal. Der Eingang ist teilweise mit einer Mauer verschlossen. Ob die Höhle als Dauerwohnsitz oder nur zeitweise genutzt wurde ist nicht geklärt, denn nebenan stand die Kallenbergburg. Diese frühere Wohnhöhle ist frei zugänglich.

Einer der drei Eingänge der Vogelherdhöhle.

*Hoch oben in einer steilen Felswand
öffnet sich der Eingang zur Kallenberghöhle.*

Heutige Ansiedlungen

Die Geschichte der Vergangenheit hinter sich gelassen, gibt es auch heute viele wichtige geschichtlicher Orte und Städte auf und am Fuß der Schwäbischen Alb.

Bad Urach

Unbedingt zu nennen ist das im Kern spätmittelalterliche Bad Urach. So ist dieser Kurort mit seinen spätmittelalterlichen Fachwerkhäusern eine der schönsten Ortschaften der mittleren Alb. Nach der Landesteilung wurde das stattliche Uracher Schloss 1443 als Residenz gebaut.

Neben den Fachwerkhäusern und dem Rathaus am Marktplatz ist auch die spätgotische Amanduskirche sehenswert.

Nicht weit vom Kurzentrum entfernt beherrscht die Burgruine Hohenurach auf einem Bergkegel das Ermstal. Neben der Burgruine Hohenneuffen zählt sie zu den größten Burgruinen der Schwäbischen Alb.

Und nicht zu vergessen ist das Naturschauspiel des Uracher Wasserfalls. Dieser berühmte Wasserfall ist ein begehrtes Wanderziel.

37 Meter stürzt hier der Brühlbach im freien Fall über eine Tuffkante in die Tiefe und anschließend nochmals 50 Meter über zahlreiche Tuffkaskaden. Bad Urach ist einer der beliebtesten Kurorte Baden-Württembergs mit verschiedenen Einrichtungen geworden. Bekannt ist Bad Urach auch durch seinen beliebten Schäferlauf, der viele Besucher aus nah und fern anzieht.

Blick über das Kurgebiet mit den verschiedenen Kliniken zum „Runden Berg".

Marktplatz mit Rathaus von Bad Urach.

Uracher Schloss und spätgotische Amanduskirche.

◀ *Von der Burgruine Hohenurach fällt die
Sicht auf den Kurort Bad Urach hinunter.*

Uracher Wasserfall

Ulm

Die andere unbedingt zu besuchende Stadt ist Ulm mit ihren drastischen Gegensätzen von alter und neuer Architektur.

Die Silhouette dieser Donaustadt führt ohne Zweifel das Ulmer Münster an. Mit 161,60 Meter Höhe ist der Turm der höchste Kirchturm der Erde. Der Bau dieser zweitgrößten Kirche Deutschlands, nach dem Kölner Dom, zog sich über mehrere Jahrhunderte von 1377 - 1890 hin. Über 768 Stufen führt der Weg auf den Turm mit grandioser Aussicht über die Stadt hinweg zum Alpenpanorama. Schon am Münsterplatz zeigt sich der grasse Gegensatz von Alt und Neu. Neben dem Münster steht seit 1993 das moderne Stadthaus. Ein weiterer Kontrast ist neben dem historischen Rathaus der neue Glasbau der Zentralbibliothek (2004). Ein weiteres Superlativ ist das im Guinessbuch der Rekorde als schiefstes Hotel der Welt aufgeführte "Schiefe Haus" im Fischerviertel.

Ulm ist auch berühmt durch seinen Schwörmontag, einer der größten Traditionsfeste in Württemberg, und dem anschließenden „Nabada" auf der Donau. Ein närrischer Wasserumzug, bei dem Massen von Besuchern und Mitwirkende die Uferbereiche und die Donau säumen.

Ulmer Münster und Stadthaus.

Astronomische Uhr am historischen Rathaus von Ulm.

Ulmer Wasserumzug am Schwörmontag: das „Nabada".

Wenige Meter vom „alten Rathaus" entfernt steht als Gegensatz der neue Glasbau: die Zentralbibliothek.

Prädikate

Nationaler GeoPark

Die weltweit bedeutsamen Landschaften werden als Geoparks zusammengefasst und beinhalten geologisch-erdgeschichtliche, sowie archäologische, ökologische, historische und kulturelle Bedeutsamkeit, die als Erbe erhalten bleiben sollen. Ein Geopark ist räumlich abgegrenzt und bedeutet keine zusätzliche Unterschutzstellung. Sondern es muss als ein Gütesiegel angesehen werden, das für diese Region Chancen bietet ihr Profil zu stärken. Die Besonderheiten sollen touristisch erschlossen und somit der Öffentlichkeit zugänglich gemacht werden. Gleichzeitig soll der Charakter dieser Landschaft durch konkrete Leitlinien als Erbe für die Zukunft erhalten bleiben.

2003 bekam die Schwäbische Alb das Prädikat „Nationaler GeoPark Schwäbische Alb" zugesprochen. Das Bundesministerium für Bildung und Forschung verlieh den Geoparks noch zusätzlich die Auszeichnung „planet erde - Welt der Geowissenschaften". Unterstützt werden die Nationalen GeoParks durch die UNESCO.

Biosphärengebiet

Das relativ neu gegründete Biosphärengebiet erstreckt sich zwischen Weilheim/Teck im Norden, Zwiefalten im Süden, Schelklingen im Osten und Reutlingen im Westen. Es umfasst 850 Quadratkilometer und soll eine einzigartige Kulturlandschaft bewahren.
Inmitten dieses Gebiets und Kernstück ist der ehemalige Truppenübungsplatz bei Münsingen mit seiner aufgegebenen früheren Ortschaft Gruorn.

Gruorn

Die Vergrößerung des bestehenden Truppenübungsplatzes hatte die nationalsozialistische Regierung im Februar 1937 beschlossen und damit den Untergang des Ortes Gruorn besiegelt. Die Bewohner mussten bis 1939 ihre Heimat verlassen und sich woanders niederlassen. Von dem früheren Gruorn blieben dann nur noch die Kirche und gegenüber das alte Schulgebäude erhalten. Diese Erinnerungsstätte ist heute ein beliebtes Wanderziel innerhalb des Biosphärengebietes geworden.

Trist und traurig stehen noch die Kirche und das Schulhaus als letzte Gebäude des verlassenen Ortes Gruorn.

Plädoyer

Der farbenprächtige Herbst lädt ebenfalls nochmals zum Ende des Jahres ein, sich aufzumachen und die Landschaft und die Natur auf der Schwäbischen Alb zu genießen und zu erleben.

Denn es gibt sie noch - die Kleinparadiese der Schwäbischen Alb mit ihren typischen Tieren und Pflanzen. Und sie sind für jeden Naturfreund zu entdecken. Trotzdem sind diese Kleinode gefährdeter denn je. So müssen wir unser Augenmerk nicht nur auf ferne Länder richten, sondern auch direkt vor unsere Haustür. Sonst könnte es sein, dass die Schwäbische Alb in wenigen Jahren ihre spezielle Eigenart verliert. Nur allgemeiner Respekt und Rücksicht gegenüber der Natur bewahren uns davor.

Aber nicht nur die Natur, sondern auch die Kulturdenkmäler und typischen Sehenswürdigkeiten zeichnen dieses einmalige Juwel „Schwäbische Alb" aus und machen es zu einem der beliebtesten Ausflugsziele Baden-Württembergs.

Dieses aufgezeigte Porträt der Schwäbischen Alb war ein kleiner Querschnitt über die Besonderheiten und Sehenswürdigkeiten dieses Mittelgebirges.

Bunter Herbstwald lädt zum Wandern ein.

Quellennachweis
Empfohlene Bücher

Nationaler Geotop
- Mössinger Bergrutsch -
Armin Dieter
Verlag mauser & tröster, Mössingen
ISBN 978-3-941500-00-6

Höhenpunkte der Schwäbischen Alb
Armin Dieter
Verlag Tübinger Chronik
3. Aufl. 2001

Zauberhafte Schwäbische Alb
Eva Walter / Thomas Pfündel
DRW-Verlag, Weinbrenner GmbH & Co.
Leinfelden-Echterdingen, 1996

Hinter der Blauen Mauer
Hrsg. von Ernst W. Bauer Petra Enz-Meyer,
Konrad Theis-Verlag, Stuttgart 1993

Zum Buch angebotener Dia-Vortrag des Autors:

„Ein Porträt der Schwäbischen Alb"
- Sehenswertes - Natur - Albtypisches -

www.alberlebnis.de

© Armin Dieter

Das Werk ist in allen Teilen urheberrechtlich geschützt.
Die Bildrechte befinden sich ausschließlich beim Autor.
Jede Verwertung ist ohne Zustimmung des Autors unzulässig und strafbar.
Mit dem Kauf dieses Bildbandes werden diese Rechte nicht erworben.
Dies gilt ebenfalls für die digitale Einspeisung in elektronische Systeme.

Autor: Armin Dieter

Einen Bekanntheitsgrad über die Landesgrenzen hinaus erlangte der Naturfotograf Armin Dieter mit seiner bislang einzigartigen Bilddokumentation über den größten Bergrutsch Baden-Württembergs. Diese Dokumentation wurde vom Bayerischen Rundfunk mit dem Autor verfilmt und unter dem Titel „Sturz in den Anfang" in einem 45-minütigen Fernsehfilm 1995 erstmals ausgestrahlt.

Ein weiterer Fernsehfilm mit Armin Dieter entstand durch den Südwestrundfunk Stuttgart 1999 mit dem Titel „Wanderung zum Mössinger Bergrutsch" in der Reihe „Treffpunkt im Grünen", der ebenfalls schon mehrfach gesendet wurde. Weitere Fernsehfilme unter anderem auch in der Reihe „Fahr mal hin" folgten in den Jahren 2004 und 2006 - ebenso Fernsehsendungen im Jahr 2008. Durch zahlreiche Dia-Vorträge, Fotoausstellungen, Rundfunk-/Fernsehinterviews und Veröffentlichungen von Büchern machte sich der Autor auch einen Namen als Kenner und Naturfreund der Schwäbischen Alb.

Foto: © Uli Rippmann

www.alberlebnis.de

Erlebnis-Führungen im Mössinger Bergrutsch mit dem Naturfotografen Armin Dieter

- von Mai bis Oktober nach Terminabsprache. Bei jeder Witterung
- Dauer der Führungen: wahlweise 1,5 Stunden oder 2,5 Stunden
- Spezielle Führungen für Senioren/Kindergärten/Schulen

Bei allen Führungen wird begleitendes Bildmaterial
über die Entwicklung vom ersten Tag an gezeigt.

Kontaktadresse:
Armin Dieter, Bästenhardtstraße 24
72116 Mössingen, Tel.: (07473) 6830

Bei genehmigten Führungen durch den Mössinger Bergrutsch besteht die Möglichkeit, unter Einhaltung der naturschutzrechtlichen Bestimmungen, das Ausmaß dieses Jahrhundertereignisses unmittelbar zu erleben und gleichzeitig über Ursachen und Entwicklung des Rutsches informiert zu werden.

Der Naturfotograf und Autor dieses Buches, Armin Dieter, der sich über die Landesgrenzen hinaus einen Namen als Beobachter und Dokumentator dieses Naturschauspiels machte, zeigt bei diesen Führungen bis zu 80 einmalige Großvergrößerungen über die Entwicklung des „Bergrutsches" vom ersten Tag an. Gleichzeitig gibt er an verschiedenen Standorten im Bergrutschgelände umfassende Erläuterungen über dieses Ereignis.

Bei den Führungen kann zwischen zwei verschiedenen Routen mit 1,5 Stunden (1 km) oder 2,5 Stunden (3 km) ausgewählt werden.

Gruppenführungen können von Mai bis Oktober kostengünstig täglich nach Terminabsprache gebucht werden. Dabei gibt es auch spezielle Führungen für Senioren und Schulklassen.

Öffentliche Führungen (Unkostenbeitrag) ohne Voranmeldung werden in der Regel einmal monatlich sonntags angeboten.

Des weiteren kann auch ein Dia-Vortrag in Überblendtechnik, der ständig aktualisiert wird, über den Mössinger Bergrutsch bei Armin Dieter gebucht werden.

Infos: www.alberlebnis.de

Bei diesen Führungen sieht und erfährt der Besucher noch viel mehr Interessantes, was man ohne einer Teilnahme daran nicht erkennen würde.
Der gesamte Bergrutsch steht ansonsten mit Ausnahme eines öffentlichen Wanderweges unter einem strikten Betretungsverbot.

Buch - Tipp

„Nationaler Geotop" - Mössinger Bergrutsch -

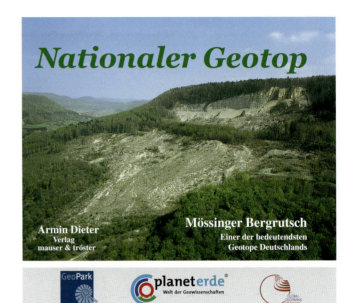

1983 ereignete sich am Albtrauf bei Mössingen (Lkr. Tübingen) der größte Bergrutsch seit mehr als 100 Jahren in Baden-Württemberg.

Der Naturfotograf Armin Dieter veröffentlichte einen neuen Bildband über dieses Naturereignis. In 130 eindrucksvollen Aufnahmen wird die Entwicklung des Bergrutsches vom ersten Tag bis heute aufgezeigt.

Ebenso wird erstmals in einer veröffentlichten Computersimulation der Rutschvorgang in mehreren Phasen dargestellt. Der umfangreiche Textbeitrag rundet diese deutschlandweit einmalige Veröffentlichung ab.

Aufgrund dieser Bilddokumentation wurde der Bergrutsch im Jahr 2006 als einer der bedeutendsten Geotope Deutschlands ausgewählt und mit dem Titel „Nationaler Geotop" prämiert.

Autor: Armin Dieter
Verlag: Mauser & Tröster
Preis: 19,80 €
ISBN: 978-3941500-00-6